GINA GREIFENSTEIN

1 NUDEL – 40 SALATE

Bunte Vielfalt für jede Jahreszeit

FOTOGRAFIE: KLAUS ARRAS, COCO LANG

INHALT

Öffnen Sie die Klappen dieses Buches.
Dort finden Sie die wichtigsten Infos zum Thema auf einen Blick!

DAS PRINZIP:
ALLES IN EINE
SCHÜSSEL

DIE PERFEKTE
KOMBI

Immer griffbereit:

SO GEHT'S:
NUDELSALAT
ZUBEREITEN

Immer griffbereit:

SO GEHT'S:
BANDNUDELN
MACHEN

GU
CLOU

Wussten Sie schon, dass …?
Entdecken Sie bei einigen ausgewählten Rezepten ganz besondere Tipps mit verblüffendem Insiderwissen.
Aha-Momente garantiert!

Mit diesem Symbol sind alle vegetarischen Gerichte gekennzeichnet.

Sammeln Ihrer Lieblingsrezepte mit der »GU Kochen Plus«-App (siehe S. 64)

REZEPTKAPITEL

GINA GREIFENSTEIN

Gina Greifenstein lebt und arbeitet in der schönen Südpfalz. Sie ist erfolgreiche Autorin von Back- und Kochbüchern sowie weiterhin von Romanen und Kriminalromanen. Als erfahrene Köchin weiß sie einfach, was zu einem gelungenen Nudelsalat gehört.

Genügt nicht das altbewährte Familien-Nudelsalat-Rezept?

Das Familienrezept mag ja gut sein. Aber ich finde, meine Nudelsalate sollten der Tatsache Rechnung tragen, dass es derzeit rund 300 verschiedene Nudelformen auf dem Markt gibt. Und die Salate sollten auch viel abwechslungsreicher und kreativer sein als der Familienklassiker. Zu Nudeln passt doch noch so viel mehr als die ewigen Erbsen, Möhrchen und die dicke Mayonnaise – womöglich noch fertig aus dem Glas!

Was passt in einen Nudelsalat?

Einfach alles! Da die Nudel eine eher geschmacksneutrale Zutat ist, kann man sie mit so gut wie allem in der Salatschüssel vereinen: Sie harmoniert im Frühling mit Spargel, im Sommer mit mediterranen Gemüsen, im Herbst mit Kürbis und Walnüssen und im Winter mit handfesten Begleitern wie Grünkohl und Speck. Nudeln begeistern mit orientalischer, asiatischer oder mediterraner Note, aber natürlich auch deftig deutsch mariniert.

Wie kamen Sie auf die Idee für dieses Buch?

Ganz ehrlich, um die Nudelsalate bei Grillfesten habe ich schon immer einen weiten Bogen gemacht. Denn sie waren entweder zu trocken oder zu mayonnaiselastig – und vor allem zu geschmacklos. Das will ich als leidenschaftliche Köchin unbedingt ändern und mit meinen Rezepten etwas frischen Wind in die Nudelsalat-Schüsseln bringen!

SPAGHETTI-PESTO-SALAT

250 g Spaghetti in Salzwasser bissfest kochen. In ein Sieb abgießen, heiß abbrausen und abtropfen lassen. Dann in eine große Schüssel geben.

75 ml Öl, 75 ml Olivenöl, 1 gehackte Knoblauchzehe, 1 Handvoll Walnusskerne und 2 EL geriebenen Parmesan in einen hohen Rührbecher geben.

Die Stängel von ½ Topf Basilikum waschen und trocken schütteln. Die Blätter grob schneiden und zugeben. Alles mit dem Pürierstab mixen.

100 ml Milch und 5 EL Aceto balsamico bianco untermixen. Kräftig mit Salz und Pfeffer abschmecken.

Das Pesto über die Spaghetti gießen, locker durchmischen und ca. 1 Std. ziehen lassen. Den Salat mit Walnusskernen, Parmesanspänen und Basilikumblättern bestreut servieren. Reicht für 4 Personen.

FRÜHLINGSSALATE

Für 4 Personen • 1 Std. Zubereitung • 1 Std. Marinieren • Pro Portion ca. 365 kcal, 11 g E, 13 g F, 52 g KH

NUDEL-SPARGEL-SALAT MIT SPINATMARINADE

FRÜHLINGSGRÜN

FÜR DEN SALAT

250 g Nudeln (z. B. Eliche Tricolore)
Salz
300 g Spargel (je 150 g weiß und grün)
25 g Butter
1 TL Zucker
⅓ Bio-Limette
150 g Datteltomaten
3 Frühlingszwiebeln

FÜR DIE MARINADE

125 g Bio-Baby-Spinat
25 ml Öl
4 EL Essig
Salz
Pfeffer

1 Für den Salat die Nudeln in reichlich Salzwasser bissfest kochen. In ein Sieb abgießen, mit heißem Wasser abbrausen und gut abtropfen lassen. Weißen Spargel mit dem Sparschäler schälen und holzige Enden abschneiden. Grünen Spargel waschen, das untere Drittel schälen und die Enden abschneiden.

2 In einem flachen Topf 1 l Wasser erhitzen. Butter, Zucker und ½ TL Salz zugeben. Limette heiß abwaschen und abtrocknen. Ein Drittel der Frucht abschneiden und mit ins Wasser geben. Sobald das Wasser kocht, den weißen Spargel hineingeben und ca. 8 Min. kochen. Dann den grünen Spargel zufügen und beide Sorten bissfest kochen. Die Stangen aus dem Topf nehmen und in 3 cm lange Stücke schneiden. Den Spargelsud für die Marinade beiseitestellen.

3 Tomaten waschen und vierteln. Frühlingszwiebeln putzen, waschen und in feine Ringe schneiden. Nudeln, Spargel, Tomaten und Frühlingszwiebeln in eine große Schüssel geben.

4 Für die Marinade den Spinat waschen und gut abtropfen lassen. Dicke Stiele entfernen und die Blätter grob hacken. Spinat, 150 ml Spargelsud und Öl in einen hohen Rührbecher geben und mit dem Pürierstab fein mixen. Die Marinade mit Essig, Salz und Pfeffer kräftig abschmecken. Über den Salat gießen und alles locker durchmischen. Den Salat mindestens 1 Std. durchziehen lassen, dann servieren.

GU CLOU

In die Marinade darf nur junget Baby-Spinat. Winter- oder Wurzelspinat sollte nicht roh gegessen werden: Er enthält viel Oxalsäure, die die Bildung von Harn- und Nierensteinen fördert. Zudem hat er mehr Nitrit, das den Sauerstofftransport im Blut stört.

Für 4 Personen • 50 Min. Zubereitung • 1 Std. Marinieren • Pro Portion ca. 935 kcal, 27 g E, 69 g F, 52 g KH

TAGLIATELLE-SPARGEL-SALAT

PERFEKT FÜR GÄSTE

600 g weißer Spargel
2 EL Zitronensaft
1 TL Butter
1 TL Zucker
Salz
250 g Tagliatelle
250 g gekochter Schinken (Aufschnitt)
1 Frühlingszwiebel
250 ml Öl
1 frisches Ei (M)
1 TL Senf
Pfeffer

1 Spargel schälen und holzige Enden abschneiden. Stangen und Schalen mit 1,5 l Wasser, Zitronensaft, Butter, Zucker und ½ TL Salz in einem Topf in 12–15 Min. bissfest kochen. Den Spargel herausnehmen, abtropfen lassen und in 2,5 cm lange Stücke schneiden. In eine große Schüssel geben. 125 ml Sud für die Mayonnaise beiseitestellen

2 Die Nudeln in reichlich Salzwasser bissfest kochen. In ein Sieb abgießen, heiß abbrausen und abtropfen lassen. Schinkenscheiben halbieren und in dünne Streifen schneiden. Frühlingszwiebel putzen, waschen und in feine Ringe schneiden. Alles zum Spargel geben.

3 Öl, Ei, Senf, Salz und Pfeffer in einen hohen Rührbecher geben. Den Pürierstab auf den Becherboden aufsetzen und auf höchster Stufe langsam hochziehen. Die Mayonnaise mit dem Spargelsud glatt rühren, kräftig salzen und pfeffern. Über den Salat gießen, alles locker durchmischen und mindestens 1 Std. durchziehen lassen.

Für 4 Personen • 45 Min. Zubereitung • 1 Std. Marinieren • Pro Portion ca. 585 kcal, 22 g E, 30 g F, 56 g KH

GRÜNER-SPARGEL-NUDELSALAT

LUXURIÖS MIT LACHS

250 g Nudeln (z. B. Riccioli)
Salz
200 g Räucherlachs
½ Bund Dill
500 g grüner Spargel
1 kleine Zwiebel
1 Knoblauchzehe
5 EL Öl
250 g Sahne
2 EL Sahnemeerrettich (Glas)
2 EL Aceto balsamico bianco
Pfeffer

1 Die Nudeln in reichlich Salzwasser bissfest kochen. In ein Sieb abgießen, heiß abbrausen und abtropfen lassen. Lachs in 1,5 cm große Quadrate schneiden. Dill waschen, gut trocken schütteln und die Spitzen fein hacken. Alles in eine große Schüssel geben.

2 Spargel waschen, das untere Drittel mit einem Sparschäler schälen und die Enden abschneiden. Die Stangen in 4 cm lange Stücke schneiden. Zwiebel schälen, vierteln und in dünne Scheiben schneiden. Knoblauch schälen und fein hacken.

3 Das Öl in einer großen Pfanne erhitzen und den Spargel darin in ca. 5 Min. rundum anbraten. Die Zwiebel mitbraten, bis sie glasig wird. Den Knoblauch kurz mitschmoren. Vom Herd nehmen und die Sahne zugießen. Meerrettich einrühren und die Marinade mit Essig, Salz und Pfeffer pikant abschmecken. Über den Salat gießen, alles locker durchmischen und mindestens 1 Std. durchziehen lassen.

Für 4 Personen • 50 Min. Zubereitung • 1 Std. Marinieren • Pro Portion ca. 420 kcal, 21 g E, 15 g F, 50 g KH

NUDEL-SPINAT-SALAT

POPEYES LIEBLING

500 g Blattspinat
1 rote Paprika
1 große Zwiebel
1 Knoblauchzehe
3 EL Öl
150 ml Gemüsebrühe
2 EL Essig
Salz
Pfeffer
250 g Nudeln (z. B. Mafaldine)
100 g Parmesan am Stück

1 Spinat waschen, abtropfen lassen, dicke Stiele entfernen. Paprika waschen, vierteln, weiße Trennwände und Kerne entfernen. Die Viertel quer in schmale Streifen schneiden. Zwiebel schälen, vierteln und in feine Scheiben schneiden. Knoblauch schälen und fein hacken.

2 Öl in einem großen Topf erhitzen, Paprika und Zwiebel darin glasig anbraten. Spinat und Knoblauch zugeben und zusammenfallen lassen. Mit Brühe aufgießen und aufkochen lassen. Vom Herd nehmen und mit Essig, Salz und Pfeffer kräftig abschmecken.

3 Die Nudeln in reichlich Salzwasser bissfest kochen. In ein Sieb abgießen, heiß abbrausen und gut abtropfen lassen. Nudeln und Spinat samt Sud in eine große Schüssel geben. Alles locker durchmischen und mindestens 1 Std. durchziehen lassen. Parmesan in grobe Späne hobeln, auf den Salat streuen und servieren.

Für 4 Personen • 55 Min. Zubereitung • 1 Std. Marinieren • Pro Portion ca. 250 kcal, 11 g E, 14 g F, 19 g KH

RAVIOLI-CARPACCIO

MAL WAS BESONDERES

250 g frische Ravioli (z. B. mit Gemüsefüllung, aus dem Kühlregal)
Salz
1 Bund Radieschen
2 Frühlingszwiebeln
1 Knoblauchzehe
3 EL Öl
2 EL Apfelessig
1 TL Senf
½ TL Zucker
Pfeffer
1 Kästchen Kresse
50 g Parmesan am Stück

1 Die Ravioli nach Packungsanweisung in Salzwasser bissfest garen. In ein Sieb abgießen, heiß abbrausen und gut abtropfen lassen. Die Ravioli dann auf einer Servierplatte auslegen.

2 Radieschen putzen, waschen und gut abtropfen lassen. Dann klein würfeln. Frühlingszwiebeln putzen, waschen und in dünne Ringe schneiden. Knoblauch schälen und fein hacken. Öl, Essig, 100 ml Wasser, Senf und Zucker in einer Schüssel gut verquirlen. Radieschenwürfel, Frühlingszwiebeln und Knoblauch einrühren. Die Radieschen-Vinaigrette zuletzt mit Salz und Pfeffer kräftig abschmecken und ca. 15 Min. durchziehen lassen.

3 Danach die Vinaigrette mit einem Löffel auf den Ravioli verteilen und den Salat mindestens 1 Std. durchziehen lassen. Zuletzt die Kresse vom Beet schneiden und auf die Ravioli streuen. Parmesan in grobe Späne hobeln, auf das Carpaccio streuen und servieren.

Für 4 Personen • 50 Min. Zubereitung • 1 Std. Marinieren • Pro Portion ca. 890 kcal, 17 g E, 68 g F, 53 g KH

NUDEL-MIESMUSCHEL-SALAT

FÜRS BÜFETT

FÜR DEN SALAT

1 kg Miesmuscheln
Salz
250 g Nudeln (z. B. Penne)
1 große rote Paprika
½ Topf Basilikum

FÜR DIE MAYONNAISE

250 ml Öl
1 frisches Ei (M)
1 TL Senf
1 Knoblauchzehe
Salz
Pfeffer
150 g Joghurt
2 TL Currypulver

PERFEKTE MAYONNAISE
Für hausgemachte Mayonnaise nur ganz frische Eier verwenden, dann haben Salmonellen keine Chance. Damit sie nicht gerinnt, müssen Öl, Ei und Senf die gleiche Temperatur haben – also gekühlt oder mit Raumtemperatur verwenden.

1 Für den Salat die Muscheln unter fließend kaltem Wasser gründlich säubern und den Bart herausziehen. Bereits geöffnete Exemplare aussortieren. In einem großen Topf Salzwasser aufkochen. Die Muscheln hineingeben und zugedeckt bei mittlerer Hitze ca. 12 Min. kochen, bis alle Schalen geöffnet sind. Abgießen und kurz abkühlen lassen.

2 Inzwischen die Nudeln in Salzwasser bissfest kochen. In ein Sieb abgießen, mit heißem Wasser abbrausen und gut abtropfen lassen. Die Paprika waschen, halbieren, weiße Trennwände und Kerne entfernen. Die Hälften in kleine Würfel schneiden. Basilikumstängel vom Beet schneiden, waschen und trocken schütteln. Die Blätter abzupfen und grob schneiden.

3 Das Muschelfleisch aus den Schalen lösen, dabei noch geschlossene Muscheln aussortieren. Muschelfleisch, Nudeln, Paprika und Basilikum in eine große Schüssel geben.

4 Für die Mayonnaise Öl, Ei und Senf in einen hohen Rührbecher geben. Knoblauch schälen und grob hacken, mit etwas Salz und Pfeffer zufügen. Den Pürierstab auf den Becherboden aufsetzen und auf höchster Stufe langsam hochziehen. Dann Joghurt und Currypulver untermixen. Die Mayonnaise mit Salz, Pfeffer und Currypulver kräftig abschmecken.

5 Die Curry-Mayonnaise über den Salat gießen und alles locker durchmischen. Den Nudelsalat mindestens 1 Std. durchziehen lassen, dann servieren.

Für 4 Personen • 45 Min. Zubereitung • 1 Std. Marinieren • Pro Portion ca. 490 kcal, 29 g E, 16 g F, 59 g KH

NUDEL-THUNFISCH-SALAT

AUSGEFALLENE KOMBINATION

250 g Nudeln (z. B. Gnocchi)
Salz
200 g Sellerie
2 Dosen Thunfisch in Öl (à 195 g)
1 Dose Mandarinen (175 g Abtropfgewicht)
1 mittelgroße Zwiebel
3 EL Aceto balsamico bianco
1 EL Senf
rosa Pfefferbeeren (Schinusbeeren) aus der Mühle
1 TL rosa Pfefferbeeren (Schinusbeeren) zum Bestreuen

1 Die Nudeln in reichlich Salzwasser bissfest kochen. In ein Sieb abgießen, heiß abbrausen und abtropfen lassen. Sellerie schälen und in dicke Scheiben schneiden. Die Scheiben in Salzwasser bissfest garen, herausnehmen und abtropfen lassen. 100 ml Kochsud abnehmen und für die Marinade beiseitestellen. Den Sellerie klein würfeln.

2 Thunfisch in einem Sieb abtropfen lassen und das Öl für die Marinade auffangen. Mandarinen in ein Sieb abgießen und 100 ml Saft für die Marinade auffangen. Zwiebel schälen, vierteln und in feine Scheiben schneiden. Alles in eine große Schüssel geben.

3 Thunfischöl, Selleriekochsud, Mandarinensaft, Essig und Senf in einem Schüttelbecher kräftig durchschütteln. Die Marinade mit rosa Pfeffer und Salz kräftig abschmecken und über den Salat gießen. Alles locker durchmischen und mindestens 1 Std. durchziehen lassen. Den Salat mit rosa Pfefferbeeren bestreuen und servieren.

Für 4 Personen • 50 Min. Zubereitung • 1 Std. Marinieren • Pro Portion ca. 480 kcal, 26 g E, 13 g F, 59 g KH

ASIA-NUDELSALAT

ERFRISCHEND EXOTISCH

250 g Mie-Nudeln (Instant)
Salz
1 Glas Sojabohnensprossen (160 g Abtropfgewicht)
1 Glas Bambussprossen (180 g Abtropfgewicht)
2 gelbe Paprika
1 kleine Stange Lauch
1 große Zwiebel
300 g gegarte Garnelen (küchenfertig)
6 EL Sweet-Chili-Sauce
4 EL Öl
1 TL Chinagewürz
Pfeffer

1 Die Nudelblöcke zwei- bis dreimal durchbrechen und nach Packungsanweisung in reichlich Salzwasser bissfest kochen. In ein Sieb abgießen, abtropfen lassen und in eine große Schüssel geben. Sojabohnen- und Bambussprossen in einem Sieb abtropfen lassen, dabei den Einlegesud auffangen. Die Sprossen zu den Nudeln geben.

2 Paprika waschen, vierteln, weiße Trennwände und Kerne entfernen. Die Viertel in feine Streifen schneiden. Lauch putzen, längs halbieren und gründlich waschen. Die Stange zuerst in ca. 5 cm lange Stücke, dann längs in feine Streifen schneiden. Zwiebel schälen, vierteln und in dünne Scheiben schneiden. Den Einlegesud in einem Topf aufkochen. Paprika, Lauch und Zwiebel darin ca. 5 Min. unter Rühren köcheln lassen. Garnelen ca. 3 Min. mitkochen. Vom Herd nehmen, Chili-Sauce und Öl untermischen. Mit Chinagewürz, Salz und Pfeffer kräftig abschmecken. Die Marinade über die Nudeln gießen, alles locker durchmischen und mindestens 1 Std. durchziehen lassen.

Für 4 Personen • 50 Min. Zubereitung • 1 Std. Marinieren • Pro Portion ca. 605 kcal, 22 g E, 20 g F, 84 g KH

NUDEL-MÖHREN-SALAT

ORIENTALISCHER GENUSS

250 g Nudeln (z. B. schmale Bandnudeln)
Salz
1 Dose Kichererbsen (265 g Abtropfgewicht)
400 g junge Möhren mit Grün
1 große Zwiebel
1 Knoblauchzehe
5 EL Walnussöl
1 EL Senf
2 EL Schmand
4 EL Aceto balsamico bianco
1 TL gemahlener Kreuzkümmel
Pfeffer

1 Die Nudeln in reichlich Salzwasser bissfest kochen. In ein Sieb abgießen und dabei 300 ml Kochwasser auffangen. Die Nudeln heiß abbrausen und gut abtropfen lassen. Kichererbsen in einem Sieb kalt abspülen und abtropfen lassen. Mit den Nudeln in eine große Schüssel geben. Das Möhrengrün abschneiden, waschen, trocken schütteln und fein hacken. Die Möhren schälen und schräg in dünne Scheiben schneiden. Zwiebel schälen, vierteln und in feine Scheiben schneiden. Knoblauch schälen und fein würfeln.

2 Das Öl in einem mittelgroßen Topf erhitzen und die Möhren darin ca. 10 Min. anschmoren. Die Zwiebel mitbraten, bis sie glasig wird. Knoblauch und Möhrengrün zufügen und kurz mitschmoren. Mit dem Nudelkochwasser aufgießen und vom Herd nehmen. Senf, Schmand und Essig einrühren und mit Kreuzkümmel, Salz und Pfeffer kräftig abschmecken. Die Marinade über die Nudeln gießen, alles locker durchmischen und mindestens 1 Std. durchziehen lassen.

Für 4 Personen • 40 Min. Zubereitung • 15 Min. Marinieren • Pro Portion ca. 395 kcal, 16 g E, 14 g F, 51 g KH

NUDEL-ENDIVIEN-SALAT

EXTRAFRISCH

250 g Nudeln (z. B. Hörnchen)
Salz
½ Kopf Endiviensalat
1 große Zwiebel
1 Knoblauchzehe
125 g rohe Schinkenwürfel
3 EL Öl
3 EL Essig
2 TL Sahnemeerrettich (Glas)
1 TL Senf
Pfeffer
2 cm Meerrettichwurzel

1 Die Nudeln in reichlich Salzwasser bissfest kochen. In ein Sieb abgießen und dabei 200 ml Kochwasser auffangen. Die Nudeln heiß abbrausen und abtropfen lassen. Endiviensalat in feine Streifen schneiden, waschen und gut abtropfen lassen. Nudeln und Salat dann in eine große Schüssel geben.

2 Zwiebel schälen, vierteln und in dünne Scheiben schneiden. Knoblauch schälen und fein hacken. Das Öl in einer Pfanne erhitzen, Zwiebel und Schinken darin anbraten, bis die Zwiebel glasig wird. Den Knoblauch kurz mitbraten. Mit Nudelkochwasser und Essig ablöschen und vom Herd nehmen. Sahnemeerrettich und Senf einrühren und die Marinade mit Salz und Pfeffer kräftig abschmecken.

3 Die Marinade zu den Nudeln geben, alles locker durchmischen und maximal 15 Min. ziehen lassen (sonst fällt der Endiviensalat zusammen). Meerrettichwurzel schälen und fein über den Salat raspeln.

SOMMERSALATE

Für 4 Personen • 40 Min. Zubereitung • 1 Std. Marinieren • Pro Portion ca. 725 kcal, 25 g E, 39 g F, 69 g KH

ZUCCHINI-NUDELSALAT

SOMMERLICH FRISCH

250 g Nudeln (z. B. Riccioli)
Salz
200 g junge Zucchini
1 Dose Mais (285 g Abtropfgewicht)
150 g Staudensellerie
1 Knoblauchzehe
3 EL Essig
5 EL Öl
2 TL Senf
1 TL Zucker
Pfeffer
200 g Erdnusskerne (geröstet und gesalzen)

1 Die Nudeln in reichlich Salzwasser bissfest kochen. In ein Sieb abgießen, mit heißem Wasser abbrausen und gut abtropfen lassen. Zucchini waschen, putzen und auf der Gemüsereibe grob raspeln. Mais in ein Sieb abgießen und gut abtropfen lassen. Staudensellerie putzen, waschen und die Stangen in sehr feine Scheiben schneiden. Alles in eine große Schüssel geben.

2 Knoblauch schälen, grob hacken und durch die Knoblauchpresse drücken. Mit Essig, Öl, 150 ml Wasser, Senf, Zucker, Salz und Pfeffer in einen Schüttelbecher geben und alles kräftig durchschütteln.

3 Die Vinaigrette mit Salz und Pfeffer kräftig abschmecken und über den Salat gießen. Alles locker durchmischen und den Nudelsalat mindestens 1 Std. durchziehen lassen. Danach die Erdnüsse unterheben und den Salat servieren.

Für 4 Personen • 45 Min. Zubereitung • 1 Std. Marinieren • Pro Portion ca. 525 kcal, 22 g E, 24 g F, 56 g KH

NUDELSALAT CAPRESE

LEICHTES ABENDESSEN

2 große Fleischtomaten
250 g Nudeln (z. B. Farfalle)
Salz
250 g Datteltomaten
250 g Mini-Mozzarella-Kugeln
3 Frühlingszwiebeln
1 Knoblauchzehe
10 Stängel Basilikum
4 EL Olivenöl
3 EL Aceto balsamico bianco
2 TL Zucker
Pfeffer

1 Fleischtomaten waschen und unten kreuzweise einschneiden. Nudeln in reichlich Salzwasser bissfest kochen, dabei die Tomaten mit ins Wasser geben. Sobald sich die Haut löst, herausnehmen und häuten. Die Nudeln in ein Sieb abgießen, dabei 100 ml Kochwasser auffangen. Die Nudeln heiß abbrausen und abtropfen lassen. Datteltomaten waschen und längs halbieren, Mozzarella abtropfen lassen. Beides mit den Nudeln in eine große Schüssel geben.

2 Die gehäuteten Tomaten halbieren, Stielansatz entfernen. Das Fruchtfleisch würfeln, mit Kernen und Saft in eine Schüssel geben. Frühlingszwiebeln putzen, waschen und in Ringe schneiden. Knoblauch schälen und durchpressen. Basilikum waschen, trocken schütteln und die Blätter in Streifen schneiden. Frühlingszwiebeln, Knoblauch, Basilikum, Nudelkochwasser, Öl, Essig und Zucker unter die Tomaten rühren. Die Vinaigrette kräftig salzen und pfeffern. Über den Salat gießen, locker mischen und mindestens 1 Std. ziehen lassen.

Für 4 Personen • 1 Std. Zubereitung • 1 Std. Marinieren • Pro Portion ca. 560 kcal, 12 g E, 31 g F, 56 g KH

NUDEL-ANTIPASTI-SALAT

SCHMECKT NACH ITALIENURLAUB

250 g Möhren
150 g kleine Zucchini
6 Frühlingszwiebeln
2 Knoblauchzehen
150 g kleine Champignons
150 g Auberginen
120 ml Olivenöl
4 EL Aceto balsamico
1 EL getrockneter Oregano
Salz
Pfeffer
250 g Nudeln (z. B. Orecchiette)

GUT ZU WISSEN
Zum Braten der Gemüse nur raffiniertes Olivenöl verwenden – natives, also kalt gepresstes Öl eignet sich nicht dafür. Seine Struktur verändert sich ab 180° und es entstehen gesundheitsschädliche Transfette. Natives Öl ist ideal für Vinaigrette und Dressing.

1 Möhren schälen und schräg in dünne Scheiben schneiden. Zucchini waschen, putzen und in dünne Scheiben schneiden. Frühlingszwiebeln putzen, waschen und in Ringe schneiden. Knoblauch schälen und fein hacken. Champignons putzen, mit einem Tuch abreiben und in Scheiben schneiden. Auberginen waschen, putzen, vierteln und in dünne Scheiben schneiden.

2 In einem großen Topf 40 ml Öl erhitzen und die Möhren darin unter Wenden bissfest braten. Mit einem Löffel herausnehmen, etwas abtropfen lassen und in eine große Schüssel geben. Dann die Zucchini im Öl kurz von beiden Seiten anbraten. Frühlingszwiebeln und Knoblauch zugeben und mitbraten. Herausnehmen, abtropfen lassen und zu den Möhren geben.

3 Wieder 40 ml Öl im Topf erhitzen und die Pilze darin kurz braten. Herausnehmen, abtropfen lassen und zum Gemüse geben. Das restliche Öl (40 ml) im Topf erhitzen und die Auberginen darin unter Wenden glasig anbraten. Vom Herd nehmen, mit 150 ml Wasser und Essig aufgießen. Oregano zugeben, mit Salz und Pfeffer kräftig würzen und etwas durchziehen lassen. Die Auberginen dann ebenfalls zum Gemüse geben.

4 Inzwischen die Nudeln in reichlich Salzwasser bissfest kochen. In ein Sieb abgießen, mit heißem Wasser abbrausen und abtropfen lassen. Zum Gemüse geben und alles locker durchmischen. Den Salat mit Salz und Pfeffer abschmecken und mindestens 1 Std. durchziehen lassen, dann servieren.

Für 4 Personen • 45 Min. Zubereitung • 1 Std. Marinieren • Pro Portion ca. 640 kcal, 30 g E, 34 g F, 53 g KH

MAKKARONI-SALAT PIZZA-STYLE

EXTRAVIEL AROMA

250 g Makkaroni
Salz
150 g italienische Salami
100 g getrocknete Tomaten (in Öl)
1 Glas Artischockenherzen (180 g Abtropfgewicht)
5 EL grüne Oliven (entsteint, Glas)
250 g Mozzarella
1 große Zwiebel
100 ml Olivenlake (Glas)
5 EL Aceto balsamico bianco
1 TL Pizzagewürz
Pfeffer
5 Stängel Basilikum

1 Die Makkaroni in Drittel brechen und in reichlich Salzwasser bissfest kochen. In ein Sieb abgießen, heiß abbrausen und abtropfen lassen. Salami in Streifen schneiden. Tomaten abtropfen lassen, dabei 5 EL Öl für die Marinade auffangen. Die Tomaten klein würfeln. Artischocken abgießen und den Sud für die Marinade auffangen. Die Artischocken in gleichmäßige Stücke schneiden. Oliven in Ringe schneiden. Mozzarella abtropfen lassen und 1 cm groß würfeln. Zwiebel schälen, vierteln und in feine Scheiben schneiden. Alles in eine große Schüssel geben.

2 Tomatenöl, Artischockensud, Olivenlake und Essig in einem Schüttelbecher kräftig durchschütteln. Die Marinade mit Pizzagewürz, Salz und Pfeffer kräftig abschmecken. Über den Salat gießen, alles locker durchmischen und mindestens 1 Std. ziehen lassen. Danach das Basilikum waschen, trocken schütteln und die Blätter grob schneiden. Unter den Salat heben und servieren.

Für 4 Personen • 50 Min. Zubereitung • 1 Std. Marinieren • Pro Portion ca. 555 kcal, 21 g E, 26 g F, 55 g KH

GRIECHISCHER NUDELSALAT

MEDITERRANER GENUSS

250 g Kritharaki
Salz
1 Dose weiße Riesenbohnen (240 g Abtropfgewicht)
1 große rote Paprika
150 g Salatgurke
6 grüne Peperoni (Glas, mild oder scharf)
3 EL schwarze Oliven (entsteint)
1 kleine Zwiebel
200 g Schafskäse (Feta)
100 ml Peperonilake (Glas)
5 EL Olivenöl
1 Knoblauchzehe
Pfeffer

1 Die Nudeln in reichlich Salzwasser bissfest kochen. In ein Sieb abgießen, mit kaltem Wasser abbrausen und abtropfen lassen. Bohnen in ein Sieb abgießen, kalt abspülen und abtropfen lassen.

2 Paprika waschen, vierteln, weiße Trennwände und Kerne entfernen. Die Viertel in 1 cm große Würfel schneiden. Gurke waschen und ebenfalls würfeln. Peperoni und Oliven in dünne Ringe schneiden. Zwiebel schälen und fein hacken. Schafskäse in 1 cm große Würfel schneiden. Alles mit den Nudeln in eine große Schüssel geben.

3 Peperonilake, 150 ml Wasser und Öl in einen Schüttelbecher geben. Knoblauch schälen, grob hacken und durch die Knoblauchpresse dazudrücken. Alles kräftig durchschütteln. Die Marinade pikant mit Salz und Pfeffer abschmecken. Über den Salat gießen, alles locker durchmischen und mindestens 1 Std. durchziehen lassen.

Für 4 Personen • 50 Min. Zubereitung • 1 Std. Quellen • 1 Std. Marinieren • Pro Portion ca. 360 kcal, 4 g E, 8 g F, 65 g KH

GLASNUDELSALAT CHINATOWN

ASIATISCH FRISCH

50 g getrocknete Mu-Err-Pilze
Salz
250 g Glasnudeln
1 Glas Mungbohnenkeimlinge (175 g Abtropfgewicht)
1 mittelgroße Möhre
1 Knoblauchzehe
3 EL Sesamöl
3 EL Aceto balsamico bianco
5 EL Sojasauce
½ TL Sereh-Pulver (Asia-Laden; ersatzweise abgeriebene Schale von ½ Bio-Zitrone)
1 TL Chinagewürz
Pfeffer

1 Pilze in kaltem Wasser ca. 1 Std. quellen lassen. Danach gründlich waschen und in frischem Wasser mit 1 Prise Salz ca. 10 Min. kochen. Abgießen, abtropfen lassen und in 3 cm breite Streifen schneiden.

2 Die Nudeln in Salzwasser bissfest kochen. In ein Sieb abgießen, dabei 250 ml Kochwasser für die Marinade auffangen. Die Nudeln heiß abbrausen und abtropfen lassen. Keimlinge abgießen, dabei den Einlegesud für die Marinade auffangen. Möhre schälen und grob raspeln. Alles in eine große Schüssel geben.

3 Knoblauch schälen und durch die Knoblauchpresse drücken. Mit Nudelkochwasser, Mungbohnensud, Öl, Essig, Sojasauce und Sereh-Pulver in einen Schüttelbecher geben und alles kräftig durchschütteln. Die Marinade mit Chinagewürz, Salz und Pfeffer pikant abschmecken. Über den Salat gießen und alles locker durchmischen. Den Salat mindestens 1 Std. durchziehen lassen, dann servieren.

Für 4 Personen • 40 Min. Zubereitung • 1 Std. Marinieren • Pro Portion ca. 395 kcal, 11 g E, 14 g F, 56 g KH

PAPRIKA-NUDELSALAT

BUNTER GEMÜSEGENUSS

250 g Nudeln (z. B. Cellentani)
Salz
2 rote Paprika
2 gelbe Paprika
2 grüne Paprika
1 große Gemüsezwiebel
1 Knoblauchzehe
5 EL Olivenöl
3 EL Aceto balsamico bianco
Salz
Pfeffer

1 Die Nudeln in Salzwasser bissfest kochen. In ein Sieb abgießen, heiß abbrausen und abtropfen lassen. Paprika waschen, vierteln, weiße Trennwände und Kerne entfernen. Die Viertel dann quer in 5 mm breite Streifen schneiden. Zwiebel schälen, vierteln und in dünne Scheiben schneiden. Knoblauch schälen und fein hacken.

2 Das Öl in einem mittelgroßen Topf erhitzen. Paprika und Zwiebel darin bei mittlerer Hitze unter häufigem Rühren anschmoren, bis die Zwiebel glasig wird. Das Gemüse dabei jedoch nicht bräunen lassen. Zuletzt den Knoblauch zugeben und kurz mitbraten. Das Gemüse vom Herd nehmen, mit 100 ml Wasser und Essig ablöschen und mit Salz und Pfeffer kräftig abschmecken.

3 Nudeln und Paprikagemüse samt Sud in eine große Schüssel geben. Alles locker durchmischen und den Nudelsalat mindestens 1 Std. durchziehen lassen. Dann servieren.

Für 24 Stück • 55 Min. Zubereitung • 1 Std. Marinieren • Pro Stück ca. 70 kcal, 1 g E, 5 g F, 5 g KH

GEFÜLLTE NUDELN

FÜRS TAPAS-BÜFETT

1 Mango
1 Avocado
4 EL Zitronensaft
½ rote Chilischote
1 Frühlingszwiebel
5 große Minzeblätter
4 EL Olivenöl
1 TL Zucker
Salz
Pfeffer
24 Conchiglioni (große Muschelnudeln)
50 g Pinienkerne

1 Mango schälen, das Fruchtfleisch flach vom Stein schneiden und 8 mm groß würfeln. Avocado halbieren, entsteinen, das Fruchtfleisch aus der Schale heben und ebenfalls klein würfeln. Mango und Avocado in einer Schüssel mit Zitronensaft beträufeln. Chili entkernen, waschen und sehr fein hacken. Frühlingszwiebel putzen, waschen und in feine Ringe schneiden. Minze waschen, trocken tupfen und in feine Streifen schneiden. Alles zur Mango geben. Öl, 100 ml Wasser und Zucker zufügen und gut durchmischen. Den Salat mit Salz und Pfeffer kräftig würzen und ca. 30 Min. ziehen lassen.

2 Inzwischen die Nudeln in reichlich Salzwasser bissfest kochen. In ein Sieb abgießen, heiß abbrausen und abtropfen lassen. Den Mangosalat mit Salz und Pfeffer abschmecken und in die Conchiglioni füllen. Diese auf eine Servierplatte setzen und ca. 1 Std. durchziehen lassen. Pinienkerne in einer beschichteten Pfanne ohne Fett anrösten. Über die Conchiglioni streuen und servieren.

Für 4 Personen • 45 Min. Zubereitung • 1 Std. Marinieren • Pro Portion ca. 370 kcal, 25 g E, 6 g F, 53 g KH

NUDEL-RÄUCHERFISCH-SALAT

EXTRAVIEL AROMA

250 g Nudeln (z. B. Volanti)
Salz
250 g Goldlocke (geräucherter Bauchlappen des Tilapia)
1 gelbe Paprika
2 Frühlingszwiebeln
5 grüne Peperoni (Glas, mild oder scharf)
250 g Joghurt
1 TL Senf
3 EL Zitronensaft
½ TL Zucker
Pfeffer
½ Bund Petersilie

1 Die Nudeln in reichlich Salzwasser bissfest kochen. In ein Sieb abgießen, mit heißem Wasser abbrausen und abtropfen lassen.

2 Die Goldlocke längs halbieren, dann quer in 8 mm dicke Scheiben schneiden. Paprika waschen, achteln, weiße Trennwände und Kerne entfernen. Die Achtel in schmale Streifen schneiden. Frühlingszwiebeln putzen, waschen und in feine Ringe schneiden. Peperoni in dünne Ringe schneiden. Alles in eine große Schüssel geben.

3 Joghurt, Senf, Zitronensaft und Zucker in einem hohen Rührbecher mit dem Pürierstab durchmixen. Kräftig mit Salz und Pfeffer abschmecken. Das Dressing über den Salat gießen, alles locker durchmischen und mindestens 1 Std. durchziehen lassen. Danach die Petersilie waschen, trocken schütteln und die Blätter fein schneiden. Unter den Salat mischen und servieren.

Für 4 Personen • 45 Min. Zubereitung • 1 Std. Marinieren • Pro Portion ca. 520 kcal, 22 g E, 25 g F, 55 g KH

NUDEL-MATJES-SALAT

BEAUTYFUL IN PINK

250 g Nudeln (z. B. Fusilli)
Salz
300 g Matjesfilets (in Öl)
1 kleine rote Zwiebel
100 g Salatgurke
150 g Rote-Bete-Scheiben (Glas)
200 g Sahne
100 ml Rote-Bete-Sud (Glas)
4 EL Essig
2 TL getrockneter Dill
Salz
Pfeffer

1 Die Nudeln in reichlich Salzwasser bissfest kochen. In ein Sieb abgießen, heiß abbrausen und gut abtropfen lassen. Matjesfilets abtropfen lassen, dabei das Öl für die Marinade auffangen. Die Matjes dann längs halbieren und in schmale Streifen schneiden. Zwiebel schälen und fein hacken. Gurke waschen und samt Schale auf der Gemüsereibe grob raspeln. Rote Bete abtropfen lassen und in Streifen schneiden. Alles in eine große Schüssel geben.

2 Sahne, abgetropftes Matjes-Öl, Rote-Bete-Sud, Essig und Dill in einen großen Schüttelbecher geben und alles kräftig durchschütteln. Die Marinade mit Salz und Pfeffer pikant abschmecken.

3 Die Marinade über den Salat gießen und locker durchmischen. Den Salat mindestens 1 Std. durchziehen lassen, dann servieren.

Für 4 Personen • 40 Min. Zubereitung • 1 Std. Marinieren • Pro Portion ca. 940 kcal, 36 g E, 67 g F, 49 g KH

NUDEL-GARNELEN-SALAT

PERFEKT FÜR GÄSTE

250 g Nudeln (z. B. Penne)
Salz
3 Frühlingszwiebeln
150 ml Gemüsebrühe
500 g gegarte Garnelen (küchenfertig, ersatzweise TK-Garnelen)
2 Msp. Chiliflocken
250 ml Öl
1 frisches Ei (M)
1 EL rote Currypaste
1 Knoblauchzehe
Salz
Pfeffer
5 Stängel Basilikum

1 Die Nudeln in reichlich Salzwasser bissfest kochen. In ein Sieb abgießen, heiß abbrausen und abtropfen lassen. Frühlingszwiebeln putzen, waschen und in feine Ringe schneiden. Mit den Nudeln in eine große Schüssel geben. Brühe erhitzen und die Garnelen darin ca. 5 Min. dünsten (TK-Garnelen unaufgetaut zugeben). Die Garnelen in ein Sieb abgießen und 100 ml Brühe für die Mayonnaise auffangen. Garnelen und Chiliflocken zu den Nudeln geben.

2 Öl, Ei und Currypaste in einen hohen Rührbecher geben. Knoblauch schälen, grob hacken und mit etwas Salz und Pfeffer zufügen. Den Pürierstab auf den Becherboden aufsetzen und auf höchster Stufe langsam hochziehen. Die Mayonnaise mit der Brühe glatt rühren und pikant abschmecken. Über die Nudeln gießen, alles locker durchmischen und mindestens 1 Std. durchziehen lassen. Danach Basilikum waschen, trocken schütteln und die Blätter in feine Streifen schneiden. Unter den Salat mischen und servieren.

HERBSTSALATE

Für 4 Personen • 55 Min. Zubereitung • 1 Std. Marinieren • Pro Portion ca. 625 kcal, 30 g E, 29 g F, 61 g KH

NUDELSALAT MIT HACKBÄLLCHEN

FÜRS BÜFETT

1 kleine Zwiebel
300 g Hackfleisch (vom Rind oder gemischt)
1 Ei (M)
3 EL Semmelbrösel
1 ½ TL Paprikapulver
Salz
Pfeffer
3 EL Öl
250 g Bandnudeln
400 g Lauch
200 g Sahne
6 EL Aceto balsamico bianco

1 Zwiebel schälen und fein würfeln. Mit Hackfleisch, Ei und Semmelbröseln in einer Schüssel gut verkneten. Die Hackmasse mit 1 TL Paprikapulver, Salz und Pfeffer kräftig abschmecken. Mit einem Eierlöffel 40–45 Portionen abstechen und zu kleinen Kugeln formen. 2 EL Öl in einer Pfanne erhitzen und die Kugeln darin rundum anbraten. Die Hackbällchen dann in eine große Schüssel geben.

2 Die Nudeln in reichlich Salzwasser bissfest kochen. Inzwischen den Lauch längs halbieren, gründlich waschen und in feine Ringe schneiden. Das übrige Öl (1 EL) in der Pfanne erhitzen und den Lauch darin ca. 10 Min. anbraten. Mit 1 Kelle Nudelkochwasser, Sahne und Essig ablöschen und kurz aufkochen. Vom Herd nehmen, mit übrigem Paprikapulver (½ TL), Salz und Pfeffer pikant abschmecken. Die Nudeln in ein Sieb abgießen, heiß abbrausen und abtropfen lassen. Zu den Hackbällchen geben. Die Lauchsahne zufügen, alles locker durchmischen und mindestens 1 Std. durchziehen lassen.

Für 4 Personen • 55 Min. Zubereitung • 1 Std. Marinieren • Pro Portion ca. 730 kcal, 19 g E, 49 g F, 56 g KH

TORTELLINI-SALAT

BUNTER GEMÜSEGENUSS

500 g frische Tortellini (z. B. mit Spinatfüllung, aus dem Kühlregal)
Salz
200 g Wirsingblätter
200 g Hokkaido-Kürbis-Fruchtfleisch
1 große Zwiebel
1 große Knoblauchzehe
100 g Walnusskerne
8 EL Walnussöl
200 g Sahne
6 EL Aceto balsamico bianco
Pfeffer

1 Die Tortellini nach Packungsanweisung in Salzwasser garen. In ein Sieb abgießen, gut abtropfen lassen und in eine große Schüssel geben. Wirsing waschen und trocken schütteln. Harte Blattrippen entfernen, die Blätter grob hacken. Kürbis zuerst in 2 cm breite Spalten schneiden, diese dann quer in 3 mm dicke Scheiben schneiden. Zwiebel schälen, vierteln und in dünne Scheiben schneiden. Knoblauch schälen und grob hacken. Walnüsse grob zerkleinern.

2 Das Öl in einem großen Topf erhitzen. Wirsing, Kürbis, Zwiebel und Knoblauch darin bei mittlerer Hitze unter Rühren langsam schmoren. 150 ml Wasser und Sahne zugießen und weiterköcheln lassen, bis der Wirsing bissfest ist. Das Gemüse vom Herd nehmen, den Essig zugeben und mit Salz und Pfeffer kräftig abschmecken.

3 Gemüse und Nüsse zu den Tortellini geben und alles locker durchmischen. Den Salat mindestens 1 Std. durchziehen lassen.

Für 4 Personen • 55 Min. Zubereitung • 1 Std. Marinieren • Pro Portion ca. 635 kcal, 12 g E, 38 g F, 61 g KH

NUDEL-ORANGEN-SALAT

EXTRAKÖSTLICH MIT AVOCADO

250 g Nudeln (z. B. Mezzi Rigatoni)
4 Bio-Orangen
3 Avocados
1 große rote Gemüsezwiebel
3 EL Öl
1 TL Senf
1 Knoblauchzehe
1 TL Zucker
Salz
Pfeffer

1 Die Nudeln in reichlich Salzwasser bissfest kochen. In ein Sieb abgießen, heiß abbrausen und abtropfen lassen. 3 Orangen dick schälen, dabei die weiße Innenhaut mit entfernen. Die Fruchtfilets herausschneiden und mit den Nudeln in eine große Schüssel geben. Die Orangenreste ausdrücken und den Saft auffangen. Die übrige Orange heiß abwaschen, abtrocknen, die Schale abreiben und den Saft auspressen. Insgesamt 150 ml Orangensaft abmessen.

2 Avocados halbieren, entsteinen, das Fruchtfleisch aus der Schale heben und 1 cm groß würfeln. Zwiebel schälen, halbieren und fein würfeln. Orangenschale und -saft, 100 ml Wasser, Öl und Senf in einer Schüssel verrühren. Knoblauch schälen und dazupressen. Die Vinaigrette mit Zucker, Salz und Pfeffer kräftig abschmecken. Avocado und Zwiebel untermischen und ca. 15 Min. ziehen lassen. Die Vinaigrette über den Salat gießen und alles locker durchmischen. Den Salat mindestens 1 Std. durchziehen lassen, dann servieren.

Für 4 Personen • 55 Min. Zubereitung • 1 Std. Marinieren • Pro Portion ca. 615 kcal, 13 g E, 40 g F, 51 g KH

TAGLIATELLE-PFIFFERLING-SALAT

FRISCH AUS DEM WALD

2 Handvoll Kräuter (z. B. Basilikum, Majoran, Petersilie)
1 Knoblauchzehe
150 ml Rapsöl
Salz
Pfeffer
250 g grüne Tagliatelle
350 g Pfifferlinge
1 große Zwiebel
4 EL Aceto balsamico bianco

1 Kräuter waschen und trocken schütteln. Die Blätter abzupfen und grob hacken. Knoblauch schälen und grob hacken. Kräuter, Knoblauch, 125 ml Öl, Salz und Pfeffer in einen hohen Rührbecher geben und mit dem Pürierstab zu einem Pesto mixen. Die Tagliatelle in reichlich Salzwasser bissfest kochen. In ein Sieb abgießen, dabei 150 ml Kochwasser auffangen. Die Nudeln heiß abbrausen, abtropfen lassen und in eine große Schüssel geben.

2 Pfifferlinge mit einem Pinsel säubern, Anschnitte und schadhafte Stellen entfernen. Die Pilze grob zerkleinern. Zwiebel schälen, vierteln und in dünne Scheiben schneiden. Das übrige Öl (25 ml) in einem Topf erhitzen. Pilze und Zwiebel darin unter Rühren glasig anschmoren. Mit dem Nudelkochwasser ablöschen und aufkochen lassen. Essig und 4 EL Pesto zufügen, mit Salz und Pfeffer kräftig abschmecken. Die Marinade über den Salat gießen, alles locker durchmischen und mindestens 1 Std. durchziehen lassen.

Für 4 Personen • 50 Min. Zubereitung • 1 Std. Marinieren • Pro Portion ca. 1195 kcal, 36 g E, 94 g F, 51 g KH

SEPIA-SPAGHETTI-SALAT MIT LACHS

MAL WAS BESONDERES

FÜR DEN SALAT

250 g Sepia-Spaghetti
Salz
2 Frühlingszwiebeln
1 Bio-Limette
2 Knoblauchzehen
500 g Lachsfilet ohne Haut
3 EL Öl

FÜR DAS DRESSING

250 ml Öl
1 frisches Ei (M)
1 TL Senf
Salz
Pfeffer
150 g griech. Joghurt (10 % Fett)
75 ml Milch

GUT ZU WISSEN

Sepia ist eine Tintenfischgattung. Der Inhalt ihres Tintenbeutels wird vielfach verwendet – in der Malerei ebenso wie in der Homöopathie. Bei der Nudelherstellung ist der Farbstoff sehr beliebt zum Einfärben von z. B. Spaghetti.

1 Für den Salat die Nudeln in reichlich Salzwasser bissfest kochen. In ein Sieb abgießen, heiß abbrausen und abtropfen lassen. Frühlingszwiebeln putzen, waschen und schräg in Ringe schneiden. Mit den Nudeln in eine große Schüssel geben.

2 Limette heiß abwaschen und abtrocknen. Die Schale abreiben, den Saft auspressen und 1 EL Saft für das Dressing beiseitestellen. Knoblauch schälen und in feine Scheiben schneiden. Lachs abbrausen, mit Küchenpapier trocken tupfen und in 2 cm große Würfel schneiden. Die Würfel mit dem Limettensaft beträufeln und leicht mit Salz bestreuen.

3 Das Öl in einer Pfanne erhitzen und die Lachswürfel darin rundum leicht anbraten. Zu den Nudeln geben. Die Pfanne wieder auf den Herd stellen und den Knoblauch darin kurz anbraten, jedoch nicht bräunen. Ebenfalls zu den Nudeln geben.

4 Für das Dressing Öl, Ei, Senf, Salz und Pfeffer in einen hohen Rührbecher geben. Den Pürierstab auf den Becherboden aufsetzen und auf höchster Stufe langsam hochziehen.

5 Die Hälfte der Mayonnaise in eine kleine Schüssel geben (die zweite Hälfte anderweitig verwenden). Joghurt, Milch, Limettenschale und übrigen Limettensaft (1 EL) mit einem Schneebesen unterrühren. Das Dressing mit Salz und Pfeffer kräftig abschmecken. Über den Salat gießen und locker durchmischen. Den Salat mindestens 1 Std. durchziehen lassen, dann servieren.

Für 4 Personen • 45 Min. Zubereitung • 1 Std. Marinieren • Pro Portion ca. 1055 kcal, 29 g E, 81 g F, 52 g KH

NUDEL-EIER-SALAT

FEIERABEND-REZEPT

250 g Nudeln (z. B. Mafaldine)
Salz
10 hart gekochte Eier
1 Glas Schwarzwurzeln (320 g Abtropfgewicht)
1 große rote Paprika
250 ml Öl
1 frisches Ei (M)
1 EL Senf
Pfeffer
1 Handvoll gemischte Kräuter (z. B. Basilikum, Dill, Kresse, Majoran, Petersilie, Schnittlauch)
3 EL Aceto balsamico bianco

1 Die Nudeln in reichlich Salzwasser bissfest kochen. In ein Sieb abgießen, heiß abbrausen und abtropfen lassen. Eier pellen und in Scheiben schneiden. Schwarzwurzeln abgießen, abtropfen lassen und dabei den Einlegesud für die Marinade auffangen. Paprika waschen, vierteln, weiße Trennwände und Kerne entfernen. Die Viertel klein würfeln. Alles in eine große Schüssel geben.

2 Öl, Ei, Senf, Salz und Pfeffer in einen hohen Rührbecher geben. Den Pürierstab auf den Becherboden aufsetzen und auf höchster Stufe langsam hochziehen. Kräuter waschen, trocken schütteln und die Blätter grob hacken. Unter die Mayonnaise mixen.

3 Die Mayonnaise mit Schwarzwurzelsud und Essig glatt rühren, dann kräftig mit Salz und Pfeffer abschmecken. Die Kräutermayonnaise über den Salat gießen und alles locker durchmischen. Den Salat mindestens 1 Std. durchziehen lassen, dann servieren.

Für 4 Personen • 50 Min. Zubereitung • 12 Std. Marinieren • Pro Portion ca. 695 kcal, 32 g E, 34 g F, 64 g KH

NUDEL-SCHICHTSALAT

GUT VORZUBEREITEN

250 g Nudeln (z. B. Hütchen gewalzt)
Salz
1 Glas Tomatenpaprika (165 g Abtropfgewicht)
3 Frühlingszwiebeln
250 g gekochter Schinken am Stück
1 Dose Kidneybohnen (255 g Abtropfgewicht)
300 g Crème fraîche
Pfeffer
500 g Champignons
3 EL Öl

1 Die Nudeln in reichlich Salzwasser bissfest kochen. In ein Sieb abgießen, heiß abbrausen und abtropfen lassen. Paprika abgießen und den Einlegesud für die Marinade auffangen. Frühlingszwiebeln putzen, waschen und in feine Ringe schneiden. Schinken klein würfeln. Bohnen abgießen, kalt abspülen und abtropfen lassen.

2 Crème fraîche und Paprikasud verrühren, kräftig salzen und pfeffern. Die Hälfte der Nudeln in eine große Glasschüssel geben. Paprika und Frühlingszwiebeln darauf verteilen. Mit der Hälfte der Crème fraîche beträufeln, Bohnen und Schinken daraufschichten.

3 Champignons putzen und in Scheiben schneiden. Das Öl in einer großen Pfanne erhitzen und die Pilze darin braun anbraten. Leicht salzen und auf die Bohnen schichten. Restliche Crème-fraîche-Marinade und Nudeln darauf verteilen und den Salat zugedeckt über Nacht kühlen. Danach gut durchmischen und eventuell nachwürzen.

Für 4 Personen • 45 Min. Zubereitung • 1 Std. Marinieren • Pro Portion ca. 460 kcal, 12 g E, 16 g F, 60 g KH

SPAGHETTI-SPITZKOHL-SALAT

ASIATISCH INSPIRIERT

250 g Spaghetti
Salz
600 g Spitzkohl
1 rote Peperoni
4 Frühlingszwiebeln
2 Knoblauchzehen
6 EL Sesamöl
1 TL Zucker
6 EL Sweet-Chili-Sauce
3 EL Essig
Pfeffer

1 Die Spaghetti mittig durchbrechen und in reichlich Salzwasser bissfest kochen. In ein Sieb abgießen und dabei 200 ml Kochwasser auffangen. Die Nudeln heiß abbrausen, abtropfen lassen und in eine große Schüssel geben. Spitzkohl waschen, putzen und in dünne Streifen schneiden. Peperoni waschen, halbieren, weiße Trennwände und Kerne entfernen. Die Hälften in dünne Streifen schneiden. Frühlingszwiebeln putzen, waschen und in feine Ringe schneiden. Knoblauch schälen und fein hacken.

2 Das Öl in einem großen Topf erhitzen. Kohl, Peperoni, Frühlingszwiebeln und Knoblauch darin ca. 10 Min. unter Rühren anschmoren. Den Zucker einrühren und kurz karamellisieren lassen. Den Kohl mit dem Nudelkochwasser ablöschen. Chili-Sauce und Essig einrühren und die Marinade mit Salz und Pfeffer kräftig abschmecken. Die Marinade über die Nudeln gießen und alles locker durchmischen. Den Salat mindestens 1 Std. durchziehen lassen, dann servieren.

Für 4 Personen • 45 Min. Zubereitung • 1 Std. Marinieren • Pro Portion ca. 670 kcal, 23 g E, 36 g F, 63 g KH

ROTE-BETE-NUDELSALAT

BUNTER GEMÜSEGENUSS

250 g rote Nudeln (z. B. Fusilli)
Salz
1 Glas Rote-Bete-Scheiben (330 g Abtropfgewicht)
6 Frühlingszwiebeln
250 g Mini-Mozzarella-Kugeln
½ Topf Basilikum
50 g Pinienkerne
1 EL Senf
6 EL Öl
3 EL Aceto balsamico bianco
2 TL flüssiger Honig
Pfeffer

1 Die Nudeln in reichlich Salzwasser bissfest kochen. In ein Sieb abgießen, mit heißem Wasser abbrausen und gut abtropfen lassen. Rote Bete in ein Sieb abgießen, dabei 125 ml Einlegesud für die Marinade auffangen. Die Scheiben in 1 cm breite Streifen schneiden.

2 Frühlingszwiebeln putzen, waschen und in feine Ringe schneiden. Mozzarella abtropfen lassen. Basilikumstängel vom Beet schneiden, waschen und trocken schütteln. Die Blätter abzupfen und grob schneiden. Pinienkerne in einer beschichteten Pfanne ohne Fett bei kleiner Hitze unter Rühren anrösten. Alles in eine große Schüssel geben.

3 Rote-Bete-Sud, Senf, Öl, Essig, Honig, Salz und Pfeffer in einem Schüttelbecher kräftig durchschütteln. Die Marinade nochmals kräftig abschmecken. Über den Salat gießen, alles locker durchmischen und mindestens 1 Std. durchziehen lassen. Dann servieren.

WINTERSALATE

Für 4 Personen • 40 Min. Zubereitung • 1 Std. Marinieren • Pro Portion ca. 1115 kcal, 41 g E, 80 g F, 56 g KH

BRATEN-NUDELSALAT

FEINES ABENDESSEN

FÜR DEN SALAT

250 g Möhren
250 g Sellerie
Salz
250 g Nudeln (z. B. Cellentani)
600 g kalter Braten (Aufschnitt)
10 grüne Peperoni (Glas, mild-pikant oder scharf)

FÜR DIE MAYONNAISE

250 ml Öl
1 frisches Ei (M)
1 TL Senf
Salz
Pfeffer
200 ml Peperonilake (Glas)

1 Für den Salat die Möhren schälen und quer dritteln. Sellerie in ca. 2 cm dicke Scheiben schneiden und diese dann schälen.

2 Einen Topf mit Wasser füllen, aufkochen und 1 TL Salz hineingeben. Die Nudeln im kochenden Salzwasser bissfest garen. Dabei Möhrenstücke und Selleriescheiben mit ins kochende Wasser geben und mitgaren. Sobald das Gemüse bissfest ist, herausnehmen. Die Nudeln dann in ein Sieb abgießen, mit heißem Wasser abbrausen und gut abtropfen lassen.

3 Möhren und Sellerie in 1,5 cm große Würfel schneiden. Kalten Braten in 1,5 cm breite Streifen schneiden. Peperoni in dünne Ringe schneiden. Möhren, Sellerie, Braten, Peperoni und Nudeln in eine große Schüssel geben.

4 Für die Mayonnaise Öl, Ei, Senf, Salz und Pfeffer in einen hohen Rührbecher geben. Den Pürierstab auf den Becherboden aufsetzen und auf höchster Stufe langsam hochziehen. Die Mayonnaise mit der Peperonilake glatt rühren und nochmals mit Salz und Pfeffer kräftig abschmecken.

5 Die Mayonnaise über den Salat gießen und alles locker durchmischen. Den Braten-Nudelsalat mindestens 1 Std. durchziehen lassen, dann servieren.

GU CLOU

Vom Sonntagsbraten ist ein Stück übrig geblieben? Dann ab damit in diesen Salat. Der Salat schmeckt mit kaltem Braten vom Rind oder vom Schwein und auch sehr köstlich mit gekochter Rinderbrust. Wer keine Lust aufs Selbstkochen hat, kauft einfach fertigen Braten-Aufschnitt beim Metzger oder in der Kühltheke des Supermarkts.

Für 4 Personen • 45 Min. Zubereitung • 1 Std. Marinieren • Pro Portion ca. 800 kcal, 40 g E, 46 g F, 56 g KH

NUDEL-HACKFLEISCH-SALAT

FEIERABEND-REZEPT

250 g Nudeln (z. B. Fusilli)
Salz
2 große Zwiebeln
1 große Knoblauchzehe
5 EL Öl
500 g Hackfleisch (vom Rind oder gemischt)
2 EL Tomatenmark
400 g Sahne
5 EL Essig
1 TL Currypulver
1 Prise Chiliflocken
Pfeffer

1 Die Nudeln in reichlich Salzwasser bissfest kochen. In ein Sieb abgießen, heiß abbrausen und gut abtropfen lassen. Dann in eine große Schüssel geben. Zwiebeln schälen, vierteln und in dünne Scheiben schneiden. Knoblauch schälen und fein hacken.

2 Das Öl in einem Topf erhitzen und das Hackfleisch darin unter Rühren anbraten. Zwiebeln und Knoblauch zufügen und schmoren, bis die Zwiebeln glasig werden. Das Tomatenmark untermischen und unter Rühren kurz mitschmoren. Vom Herd nehmen und mit der Sahne aufgießen. Essig einrühren und die Sauce mit Currypulver, Chiliflocken, Salz und Pfeffer kräftig abschmecken.

3 Die Hackfleischsauce zu den Nudeln geben und alles locker durchmischen. Den Salat mindestens 1 Std. durchziehen lassen.

Für 4 Personen • 55 Min. Zubereitung • 1 Std. Marinieren • Pro Portion ca. 1085 kcal, 21 g E, 88 g F, 51 g KH

NUDEL-WURST-SALAT

KLASSIKER

250 g Nudeln (z. B. Hörnchen)
Salz
250 g Fleischwurst
3 große Essiggurken (Glas)
3 hart gekochte Eier
1 großer Apfel
250 ml Öl
1 frisches Ei (M)
1 EL Senf
Pfeffer
150 ml Gurkensud (Glas)

1 Die Nudeln in reichlich Salzwasser bissfest kochen. In ein Sieb abgießen, heiß abbrausen und abtropfen lassen. Fleischwurst pellen und in 6 mm große Würfel schneiden. Essiggurken abtropfen lassen und in sehr kleine Würfel schneiden. Eier pellen und in 6 mm große Würfel schneiden. Apfel schälen, vierteln und entkernen. Die Viertel ebenfalls 6 mm groß würfeln. Alles in eine große Schüssel geben.

2 Öl, Ei, Senf, Salz und Pfeffer in einen hohen Rührbecher geben. Den Pürierstab auf den Becherboden aufsetzen und auf höchster Stufe langsam hochziehen.

3 Die Mayonnaise mit dem Gurkensud glatt rühren und mit Salz und Pfeffer pikant abschmecken. Über den Salat gießen, alles locker durchmischen und mindestens 1 Std. durchziehen lassen.

Für 4 Personen • 45 Min. Zubereitung • 1 Std. Marinieren • Pro Portion ca. 530 kcal, 16 g E, 26 g F, 58 g KH

NUDELSALAT MIT BLUTWURST

DEFTIG UND KRÄFTIG

250 g Nudeln (z. B. Tortiglioni)
Salz
1 Glas Perlzwiebeln (190 g Abtropfgewicht)
1 kleine Dose grüne Bohnen (220 g Abtropfgewicht)
250 g Datteltomaten
200 g Blutwurst am Stück
4 EL Öl
3 EL Essig
3 EL süßer Senf
Pfeffer
½ Bund Petersilie

1 Die Nudeln in reichlich Salzwasser bissfest kochen. In ein Sieb abgießen, heiß abbrausen und abtropfen lassen. Perlzwiebeln in ein Sieb abgießen, dabei den Sud für die Marinade auffangen. Große Zwiebeln halbieren. Bohnen abgießen und gut abtropfen lassen.

2 Tomaten waschen und quer halbieren. Blutwurst pellen und in 1 cm große Würfel schneiden. Nudeln, Perlzwiebeln, Bohnen, Tomaten und Wurst in eine große Schüssel geben.

3 Perlzwiebelsud, Öl, Essig, Senf, Salz und Pfeffer in einen Schüttelbecher geben und kräftig durchschütteln. Die Marinade kräftig mit Salz und Pfeffer abschmecken und über den Salat gießen. Alles locker durchmischen und mindestens 1 Std. durchziehen lassen. Petersilie waschen, trocken schütteln und die Blätter grob hacken. Unter den Salat mischen und servieren.

Für 4 Personen • 45 Min. Zubereitung • 1 Std. Marinieren • Pro Portion ca. 475 kcal, 11 g E, 24 g F, 55 g KH

RÖSTZWIEBEL-NUDELSALAT

KÖSTLICHE BEILAGE

250 g Nudeln (z. B. Castellane)
Salz
3 große rote Gemüsezwiebeln
4 Frühlingszwiebeln
1 Knoblauchzehe
6 EL Öl
100 ml Gemüsebrühe
200 g Sahne
4 EL Aceto balsamico bianco
Pfeffer
6 Stängel Liebstöckel

1 Die Nudeln in reichlich Salzwasser bissfest kochen. In ein Sieb abgießen, heiß abbrausen und abtropfen lassen. Dann in eine große Schüssel geben. Gemüsezwiebeln schälen, vierteln und in feine Scheiben schneiden. Frühlingszwiebeln putzen, waschen und schräg in dünne Ringe schneiden. Knoblauch schälen und grob hacken.

2 Das Öl in einem mittelgroßen Topf erhitzen. Zwiebeln und Frühlingszwiebeln darin unter regelmäßigem Rühren schmoren, bis die Zwiebeln glasig werden. Den Knoblauch zugeben und kurz mitschmoren. Brühe, Sahne und Essig zugießen und einmal aufkochen. Vom Herd nehmen und mit Salz und Pfeffer kräftig abschmecken.

3 Die Marinade über die Nudeln gießen, alles locker durchmischen und mindestens 1 Std. durchziehen lassen. Liebstöckel waschen, trocken schütteln und die Blätter fein hacken. Unter den Salat mischen.

Für 4 Personen • 45 Min. Zubereitung • 1 Std. Marinieren • Pro Portion ca. 450 kcal, 20 g E, 21 g F, 40 g KH

SPÄTZLE-LINSEN-SALAT

SCHWÄBISCHE HAUSMANNSKOST

FÜR DEN SALAT

250 g Spätzle
Salz
150 g braune Linsen

FÜR DIE MARINADE

1 große Stange Lauch
1 große Zwiebel
1 Knoblauchzehe
6 EL Öl
125 g Speckwürfel
8 EL Essig
Pfeffer

1 Für den Salat die Spätzle in Salzwasser bissfest kochen. In ein Sieb abgießen und dabei 250 ml Kochwasser für die Marinade auffangen. Die Spätzle mit heißem Wasser abbrausen und gut abtropfen lassen. Die Linsen nach Packungsanweisung bissfest garen und in einem Sieb abtropfen lassen.

2 Für die Marinade den Lauch putzen, längs halbieren und gründlich waschen. Den Lauch abtropfen lassen und in feine Ringe schneiden. Zwiebel schälen, vierteln und in dünne Scheiben schneiden. Knoblauch schälen und fein hacken.

3 Das Öl in einem Topf erhitzen. Speckwürfel, Lauch und Zwiebel darin unter Rühren braten, bis die Zwiebel glasig wird. Den Knoblauch zugeben und kurz mitbraten. Die Speck-Gemüse-Mischung dann vom Herd nehmen und mit dem Spätzlekochwasser ablöschen. Den Essig einrühren und die Marinade mit Salz und Pfeffer kräftig abschmecken.

4 Marinade, Spätzle und Linsen in eine große Schüssel geben. Alles locker durchmischen und den Salat mindestens 1 Std. durchziehen lassen. Dann servieren.

MIT EINLAGE

Die Wurst fehlt? In schräge Scheiben geschnittene und angebratene Wiener Würstchen passen perfekt in diesen Salat. Wer es kräftiger mag, greift stattdessen zu Kabanossi oder Knoblauchwurst.

Für 4 Personen • 45 Min. Zubereitung • 1 Std. Marinieren • Pro Portion ca. 645 kcal, 31 g E, 26 g F, 64 g KH

NUDEL-ROSENKOHL-SALAT

SCHMECKT LAUWARM AM BESTEN

400 g Rosenkohl
600 ml Gemüsebrühe
250 g Nudeln (z. B. Volanti)
Salz
1 große gelbe Paprika
250 g Kassler Lachsbraten am Stück
1 kleine Zwiebel
125 g Cashewkerne (geröstet und gesalzen)
6 EL Aceto balsamico bianco
4 EL Öl
2 EL Dijonsenf
Pfeffer

1 Rosenkohl waschen und putzen. Die Gemüsebrühe in einem Topf erhitzen und den Rosenkohl darin bissfest kochen. In ein Sieb abgießen und abtropfen lassen, dabei den Kochsud für die Marinade auffangen. Die Röschen dann längs vierteln.

2 Die Nudeln in reichlich Salzwasser bissfest kochen. In ein Sieb abgießen, heiß abbrausen und abtropfen lassen. Paprika waschen, vierteln, weiße Trennwände und Kerne entfernen. Die Viertel dann in feine Streifen schneiden. Kassler in 1 cm große Würfel schneiden. Zwiebel schälen, halbieren und fein würfeln. Nudeln, Paprika, Kassler, Zwiebel und Cashewkerne in eine große Schüssel geben.

3 Den Rosenkohlkochsud mit Essig, Öl und Senf verrühren. Mit Salz und Pfeffer kräftig abschmecken. Die Marinade über den Salat gießen, alles locker durchmischen und mindestens 1 Std. durchziehen lassen.

Für 4 Personen • 45 Min. Zubereitung • 1 Std. Marinieren • Pro Portion ca. 1202 kcal, 38 g E, 90 g F, 60 g KH

NUDEL-KÄSE-SALAT

SCHÖN FRUCHTIG

250 g Nudeln (z. B. Penne)
Salz
1 kleine Stange Lauch
200 g Cheddar am Stück
200 g reifer Gouda am Stück
1 Dose Pfirsiche (470 g Abtropfgewicht)
250 ml Öl
1 frisches Ei (M)
1 TL Senf
2 TL Tomatenmark
Pfeffer
4 EL Aceto balsamico bianco

1 Die Nudeln in reichlich Salzwasser bissfest kochen. In ein Sieb abgießen, heiß abbrausen und abtropfen lassen. Lauch putzen, längs halbieren, gründlich waschen und in feine Ringe schneiden.

2 Cheddar und Gouda in 1,5 cm große Würfel schneiden. Pfirsiche in ein Sieb abgießen und dabei 150 ml Saft für die Mayonnaise auffangen. Die Früchte ebenfalls in 1,5 cm große Würfel schneiden. Nudeln, Lauch, Käse und Pfirsiche in eine große Schüssel geben.

3 Öl, Ei, Senf, Tomatenmark, Salz und Pfeffer in einen hohen Rührbecher geben. Den Pürierstab auf den Becherboden aufsetzen und auf höchster Stufe langsam hochziehen. Die Mayonnaise mit Pfirsichsaft und Essig glatt rühren und kräftig mit Salz und Pfeffer abschmecken. Über den Salat gießen, alles locker durchmischen und mindestens 1 Std. durchziehen lassen.

Für 4 Personen • 55 Min. Zubereitung • 1 Std. Marinieren • Pro Portion ca. 970 kcal, 35 g E, 67 g F, 57 g KH

GRÜNKOHL-NUDELSALAT

SCHMECKT LAUWARM AM BESTEN

250 g Nudeln (z. B. Fusilli bucati)
Salz
400 g Grünkohl
1 große Zwiebel
5 EL Öl
150 g Speckwürfel
400 g Sahne
2 EL Senf
2 EL Essig
Pfeffer
300 g Kabanossi (ersatzweise Pfefferbeißer)

1 Die Nudeln in reichlich Salzwasser bissfest kochen. In ein Sieb abgießen und dabei 100 ml Kochwasser auffangen. Die Nudeln heiß abbrausen, abtropfen lassen und in eine große Schüssel geben. Grünkohl waschen, trocken schütteln und das Blattgrün von den Blattrispen schneiden. Die Blätter dann grob hacken. Zwiebel schälen, halbieren und klein würfeln.

2 Das Öl in einem großen Topf erhitzen, Zwiebel und Speckwürfel darin anbraten. Den Grünkohl zugeben und unter Rühren anschmoren. Sahne und Nudelkochwasser zugießen, Senf einrühren und den Kohl weiterköcheln lassen, bis er weich ist. Vom Herd nehmen, Essig zufügen und den Kohl mit Salz und Pfeffer kräftig abschmecken.

3 Die Kohlmischung über die Nudeln geben und alles locker durchmischen. Den Salat mindestens 1 Std. durchziehen lassen.

Für 4 Personen • 50 Min. Zubereitung • 1 Std. Marinieren • Pro Portion ca. 710 kcal, 24 g E, 45 g F, 53 g KH

NUDEL-CHAMPIGNON-SALAT

WÜRZIG MIT GORGONZOLA

250 g Nudeln (z. B. Sputnik)
Salz
500 g Champignons (z. B. Steinchampignons)
1 große Zwiebel
1 kleine Stange Lauch
5 EL Öl
200 g Crème fraîche
1 TL Senf
5 EL Aceto balsamico bianco
200 g Gorgonzola
Salz
Pfeffer

1 Die Nudeln in reichlich Salzwasser bissfest kochen. In ein Sieb abgießen, heiß abbrausen und abtropfen lassen. In eine große Schüssel geben. Champignons putzen, bei Bedarf mit einem Tuch abreiben und in Scheiben schneiden. Zwiebel schälen, vierteln und in dünne Scheiben schneiden. Lauch putzen, längs halbieren, gründlich waschen und in feine Ringe schneiden.

2 Das Öl in einem Topf erhitzen. Zwiebel und Lauch darin kurz anbraten. Die Pilze zugeben und unter Rühren ca. 10 Min. mitbraten. Crème fraîche, Senf und Essig zufügen und kurz aufkochen, dann vom Herd nehmen. Den Gorgonzola entrinden und in kleine Würfel schneiden. Die Würfel zum Gemüse geben und unter Rühren darin schmelzen lassen. Mit Salz und Pfeffer kräftig abschmecken.

3 Das Gorgonzolasauce über die Nudeln gießen und alles locker durchmischen. Den Salat mindestens 1 Std. durchziehen lassen.

REGISTER

Vegetarische Rezepte, die im Buch mit einem 🌢 gekennzeichnet sind, sind hier grün abgesetzt.

Abkürzungsverzeichnis:
E = Eiweiß
EL = Esslöffel (gestrichen)
F = Fett
kcal = Kilokalorien
KH = Kohlenhydrate
Msp. = Messerspitze
Pck. = Päckchen
TK = Tiefkühl
TL = Teelöffel

LIEBE LESERINNEN UND LESER,

wir wollen Ihnen mit diesem Buch Informationen und Anregungen geben, um Ihnen das Leben zu erleichtern oder Sie zu inspirieren, Neues auszuprobieren. Wir achten bei der Erstellung unserer Bücher auf Aktualität und stellen höchste Ansprüche an Inhalt und Gestaltung. Alle Anleitungen und Rezepte werden von unseren Autoren, jeweils Experten auf ihren Gebieten, gewissenhaft erstellt und von unseren Redakteur*innen mit größter Sorgfalt ausgewählt und geprüft.

Haben wir Ihre Erwartungen erfüllt? Sind Sie mit diesem Buch und seinen Inhalten zufrieden? Wir freuen uns auf Ihre Rückmeldung. Und wir freuen uns, wenn Sie diesen Titel weiterempfehlen, in Ihrem Freundeskreis oder bei Ihrem Online-Kauf.

Sollten wir Ihre Erwartungen so gar nicht erfüllt haben, tauschen wir Ihnen Ihr Buch jederzeit gegen ein gleichwertiges zum gleichen oder ähnlichen Thema um.

KONTAKT ZUM LESERSERVICE

GRÄFE UND UNZER VERLAG
Grillparzerstraße 12
81675 München
www.gu.de

IMPRESSUM

GU ist eine eingetragene Marke der GRÄFE UND UNZER VERLAG GmbH, www.gu.de

ISBN 978-3-8338-8652-2
3. Auflage 2023

Projektleitung: Nathalie Künzl
Lektorat: Petra Teetz
Korrektorat: Andrea Lazarovici
Gesamtgestaltung: ki36 Editorial Design, Sabine Krohberger, München
Herstellung: Gloria Schlayer
Satz: Eberl & Koesel Studio GmbH
Reproduktion: medienprinzen GmbH
Druck und Bindung: Firmengruppe APPL, aprinta druck, Wemding
Printed in Germany

GRÄFE UND UNZER
Ein Unternehmen der GANSKE VERLAGSGRUPPE

DIE AUTORIN

Gina Greifenstein ist staatlich geprüfte Hauswirtschafterin. Sie lebt in der Südpfalz, wo sie als freie Autorin erfolgreich Back- und Kochbücher sowie Kriminalromane schreibt. Dies ist ihr neuntes Kochbuch bei GRÄFE UND UNZER. Mehr unter www.gina-greifenstein.de

DER FOTOGRAF

Klaus Arras, Food-Fotograf in Köln, liegt die natürliche Atmosphäre bei seinen Aufnahmen besonders am Herzen. Für dieses Buch hat er Katja Briol (Foodstyling) in sein Team geholt.

Bildnachweis:

Klaus Arras: S. 06–59, Stepfotos auf den Klappen; Coco Lang: S. 01, 05, Stillleben auf den Klappen; Jan Brettschneider: Cover; Bernhard Eiberger: S. 04 Autorinnenfoto

Umwelthinweis:

Nachhaltigkeit ist uns sehr wichtig. Der Rohstoff Papier ist in der Buchproduktion hierfür von entscheidender Bedeutung. Daher ist dieses Buch auf PEFC-zertifiziertem Papier gedruckt. PEFC garantiert, dass ökologische, soziale und ökonomische Aspekte in der Verarbeitungskette unabhängig überwacht werden und lückenlos nachvollziehbar sind.

Syndication: www.seasons.agency

Die GU-Homepage finden Sie unter www.gu.de

DIE »GU KOCHEN PLUS«-APP

1 APP HERUNTERLADEN

Laden Sie die kostenlose »GU Kochen Plus«-App im Apple App Store oder im Google Play Store auf Ihr Smartphone. Starten Sie die App und wählen Sie Ihren Küchenratgeber aus.

2 REZEPTBILD SCANNEN

Scannen Sie das gewünschte Rezeptbild mit der Kamera Ihres Smartphones. Klicken Sie im Display die Funktion Ihrer Wahl.

3 FUNKTIONEN NUTZEN

Sammeln Sie Ihre Lieblingsrezepte. Speichern und verschicken Sie Ihre Einkaufslisten. Oder nutzen Sie den praktischen Supermarkt-Finder und den Rezept-Planer.